NOTICE HISTORIQUE

SUR LE

PALAIS DES TUILERIES,

ET

DESCRIPTION

DES PLAFONDS, VOUSSURES, LAMBRIS, ETC.,

qui décorent

LES SALLES OCCUPÉES PAR L'EXPOSITION.

—

Prix : 15 centimes.

—

PARIS,

VINCHON, FILS ET SUCCESSEUR DE Mme Ve BALLARD,

IMPRIMEUR DES MUSÉES NATIONAUX,

rue J.-J. Rousseau, 8.

—

1849.

NOTICE

SUR

LE PALAIS DES TUILERIES.

Le palais des Tuileries a pris son nom d'un endroit où étaient établies, dès le XIIIᵉ siècle, plusieurs fabriques de tuiles et de briques. Il y avait aussi dans cet emplacement, que l'on nommait *les Tuileries*, deux maisons appelées *Hôtels des Tuileries* : l'une donnée aux Quinze-Vingts en 1342 par Pierre des Essarts, et l'autre appartenant à Nicolas de Neuville de Villeroy, secrétaire des finances. Cette dernière était accompagnée de cours et jardins, et située le long de la Seine. François Iᵉʳ fit l'acquisition de la première, et donna à Villeroy, en échange de la deuxième, les château et terre de Chanteloup, près d'Arpajon, pour faire construire sur cet emplacement une habitation à Louise de Savoie, duchesse d'Angoulême, sa mère. Cette princesse, devenue régente du royaume, donna en 1525 cette maison à Jean Tiercelin, maître d'hôtel du dauphin, pour en jouir lui et Julie Du Trot, sa femme, leur vie durant. Catherine de Médicis, après la mort de Henri II, son mari, ayant fait démolir, en 1564, le château des Tournelles et voulant se faire construire une nouvelle résidence, vint demeurer au Louvre, et choisit l'emplacement de la maison des *Tuileries*, dont elle acheta différentes propriétés voisines pour y faire élever le palais d'aujourd'hui.

Les travaux, commencés au mois de mai 1564 sur les dessins de Philibert Delorme et de Jean Bullant, étaient peu avancés lorsque tout à coup Catherine les fit suspendre pour faire rebâtir par Jean Bullant, au centre de la ville, dans le quartier des marchés, l'hôtel de Soissons, qu'elle habita jusqu'à sa mort.

Le palais que Philibert Delorme avait commencé consistait alors en un seul corps de bâtiment simple, avec un pavillon au centre et deux autres à ses extrémités. Il était composé d'un rez-de-chaussée et d'un premier étage, avec un comble fort élevé. Le pavillon du milieu, dans lequel se trouvait l'escalier principal, dont la forme était ovale, se terminait par un dôme circulaire avec deux petits escaliers de tourelle qui s'élevaient au-dessus de la corniche, à gauche et à droite du milieu sur la façade du couchant.

Sous le règne de Henri IV, sa réunion avec le Louvre devint l'objet des soins et des études de ce souverain, et Dupeyrac, d'après le projet de Ducerceau, entreprit en 1601, pour le prolongement de la galerie du Louvre, la construction du pavillon de Flore et du corps de bâtiment qui le rattache à l'ancien palais de Catherine de Médicis.

Sous le règne de Louis XIII, Clément Metezeau succéda à Dupeyrac dans les travaux commencés, et les a fort avancés ; mais ce ne fut que sous la régence d'Anne d'Autriche que le palais des Tuileries put être mis en état d'être habité. Mlle de Montpensier rapporte dans ses Mémoires qu'elle fut logée aux Tuileries, qui tenaient au palais du Louvre par la grande galerie, et qu'elle y passa l'époque des troubles de la régence jusqu'au 21 octobre 1652, qu'elle reçut l'ordre de quitter en vingt-quatre heures cette résidence, destinée au jeune frère du roi. Aucun document ne peut indiquer aujourd'hui la manière dont ces appartements étaient distribués ou décorés ; on sait seulement que Bunel les avait ornés de peintures, Paul Ponce et Bullant de sculptures. Tout ce qui existe aujourd'hui ne remonte donc pas plus haut que Louis XIV, qui alors chargea Levau de la direction des ouvrages à terminer et à coordonner avec les constructions premières. Cet architecte détruisit l'escalier de Philibert Delorme au centre du vestibule, agrandit le dôme, qu'il rendit carré, reporta le grand escalier dans l'emplacement de la salle des gardes à droite de l'entrée; construisit le pavillon Marsan, la salle de spectacle ou salle des machines, ainsi nommée à cause des ballets qui y furent représentés devant la cour ; commença l'aile neuve qui répète de ce côté celle du Musée, et fit enfin les distributions intérieures des appartements, qui furent décorés par les plus habiles artistes du temps. Louis XIV habita les Tuileries jusqu'en 1682, qu'il alla s'établir à Versailles.

Louis XV ne logea dans ce palais que dans son enfance et n'y ajouta aucuns travaux, si ce n'est quelques changements exécutés dans la salle de spectacle par Servandoni, pour y représenter des ballets et des pantomimes. Cette salle fut mise à la disposition de l'Opéra, de 1764 à 1770, après le premier incendie de son théâtre au Palais-Royal en 1763; l'ouverture s'en fit le 24 janvier 1764 par la première représentation de *Castor et Pollux*, de Rameau. Occupée ensuite par les Comédiens Français de 1770 à 1783, elle fut accordée en 1784 au Concert spirituel.

Sous Louis XVI, le palais qui depuis longtemps était inhabité et dont les appartements étaient en mauvais état, fut meublé à la hâte pour loger le roi et sa famille lorsque le 6 octobre 1789 ils furent obligés de quitter Versailles pour venir habiter Paris. Le pavillon de Flore, qui avait été incendié en 1787, venait d'être réparé presque sans décoration.

En 1793, la salle de spectacle devint, au moyen de différents changements et de quelques travaux, le lieu dans lequel la Convention nationale tint ses séances, jusqu'en 1795. Cette même année, sous le gouvernement directorial, les deux chambres, celle des Anciens et celle des Cinq-Cents, se partagèrent le palais; mais le conseil des Anciens seul, qui tenait ses séances dans la salle du milieu (depuis salle des Maréchaux), y resta jusqu'en 1799.

Sous le gouvernement consulaire et ensuite sous l'empire, des travaux de restauration, d'embellissement et des améliorations considérables furent entrepris et exécutés par MM. Percier et Fontaine. On consacra à la gloire militaire la grande pièce dont nous venons de parler, pour y réunir les portraits des maréchaux nouvellement créés; cette pièce prit le nom de Salle des Maréchaux. La salle de la Convention fut détruite, et

dans ce vaste emplacement on a construit une salle de spectacle, une autre salle d'assemblée pour le Conseil d'Etat avec
ses dépendances, et une chapelle. L'aile neuve fut construite.
Le pavillon Marsan, où se tenaient les bureaux de la Convention, a été intérieurement rebâti et décoré à neuf. La grande
cour, dégagée de toutes les constructions dont elle était rem-
plie, est devenue une cour d'honneur ; on a élevé la grille qui
la sépare de la place, et l'entrée principale fut décorée d'un
arc de triomphe érigé à la gloire de la grande armée.

La restauration n'ajouta rien aux travaux et aux embellisse-
ments de ce palais.

Sous Louis-Philippe, l'escalier bâti par Levau à droite du
vestibule du pavillon de l'horloge a été détruit ; un autre dans
l'étendue de la galerie en portique qui conduit à la chapelle a
été construit, et la terrasse de pierre du premier étage, sup-
primée par cette disposition nouvelle, a été reportée en avant
dans toute l'étendue de la façade de Philibert Delorme. Ces
travaux ont été exécutés par M. Fontaine. Les peintures, les
dorures, les dispositions intérieures des appartements, ont été
aussi rétablies et réparées presqu'entièrement à neuf.

HISTOIRE ET DESCRIPTION

DES SALLES

OCCUPÉES PAR L'EXPOSITION.

----•----

REZ-DE-CHAUSSÉE.

—

APPARTEMENTS SUR LE JARDIN.

Le vestibule du pavillon de Flore situé du côté de la rivière donne entrée aux appartements du rez-de-chaussée sur le jardin. Ces logements formaient sous Louis XIV celui du grand dauphin, et furent décorés par Nicolas Mignard. Ils ont été habités successivement par les ducs du Maine et de Bourbon, chargés de l'éducation de Louis XV, et par le duc de la Vauguyon, gouverneur de Louis XVI, Louis XVIII et Charles X. Leur décoration intérieure actuelle ne remonte pas au-delà du gouvernement consulaire ; ils servirent successivement d'habitation aux impératrices Joséphine et Marie-Louise, sous la restauration à la duchesse d'Angoulême, et depuis 1830 à Louis-Philippe.

SALLE N° 7. — *Antichambre des Valets de Chambre.*

Cette première pièce servait autrefois de salle des gardes.

SALLE N° 8. — *Salon d'attente.*

C'était le salon des Dames des impératrices Joséphine et Marie-Louise ; il fut ensuite celui de la duchesse d'Angoulême.

SALLE N° 9. — *Cabinet de travail.*

C'était le salon de réception des impératrices Joséphine et Marie-Louise, ainsi que celui de la duchesse d'Angoulême sous la restauration.

SALLE N° 10. — *Cabinet de travail.*

Ces quatre premières pièces n'ont aucune décoration remarquable.

SALLE N° 11. — *Salon des Grâces.*

La décoration de ce petit salon, qui était un boudoir, est de M. Blondel.

Le plafond représente le lever du soleil.

SALLE N° 12. — *Chambre à coucher.*

Le plafond de cette pièce, qui fut autrefois le petit cabinet de Louis XIV, est orné d'un tableau représentant la déesse Flore entourée d'amours portant des guirlandes de fleurs. Elle a servi de chambre à coucher aux deux impératrices Joséphine et Marie-Louise, à la duchesse d'Angoulême, et en dernier lieu à Louis-Philippe et à la reine.

PREMIER ÉTAGE.

—

GRANDS APPARTEMENTS.

—

Escalier d'honneur.

Sous le pavillon de l'horloge, l'escalier d'honneur qui conduit aux grands appartements du 1er étage a été construit depuis 1830 par M. Fontaine, dans toute l'étendue de l'ancienne galerie basse. Aux colonnes du palier supérieur sont adossées deux statues en marbre, dont l'une antique et l'autre sa copie, représentent Mnémosyne, mère des Muses. Au fond de ce même palier, une porte bronzée ouvre sur la tribune de la chapelle ; une seconde porte à droite donne entrée dans les appartements.

APPARTEMENTS SUR LA COUR.

SALLE N° 13. — *Antichambre de l'escalier d'honneur.*

Le plafond de cette pièce, en bois sculpté et doré, est du temps de la régence d'Anne d'Autriche. Il provient du château de Vincennes. Le pélican est le symbole qu'avait choisi cette reine, il se retrouve dans plusieurs parties de ce plafond, qui est en outre orné de deux cartouches peints par M. Blondel.

(En tournant à gauche, on entre dans les salles nos 28, 29 et 30.)

SALLE N° 28. — *Salon de la Chapelle ou salle des Travées.*

Cette salle construite, sous l'empire, sur une partie de l'emplacement de l'ancienne salle de spectacle, fut à cette époque consacrée aux séances du Conseil d'État. Revêtue de stuc et ornée de pilastres et de colonnes surmontées de bustes d'empereurs romains, cette pièce a, sur la partie opposée à la cour, six portes ouvrant sur la chapelle en forme de tribunes. Le grand panneau formant milieu du plafond contenait le tableau de la bataille d'Austerlitz, par Gérard; pendant la restauration, ce tableau fut enlevé et remplacé par la bataille de Fontenoy, peinte par M. H. Vernet. Ces deux tableaux sont aujourd'hui au musée de Versailles, et le plafond du salon de la chapelle a été orné de caissons avec ornements et rosaces dorés. Les voussures décorées de figures en grisaille sur un fond bleu, représentent des personnages allégoriques et les attributs du commerce et des arts industriels. Elles ont été peintes lors de la création de cette salle par Dubois, d'après les dessins de Gérard.

SALLE N° 29. — *Antichambre de la Chapelle.*

Construite à la même époque et sur le même emplacement que la salle précédente, cette pièce a été ornée d'un ancien plafond venant également du château de Vincennes. M. Blondel y a remplacé six cartouches qui avaient été détruits par le temps. Quatre en grisaille représentent la Justice, la Sagesse, la Vérité, la Force, et les deux autres des amours caractérisant les arts et les sciences.

SALLE N° 30. — *Galerie du Théâtre.*

Cette galerie, qui s'étend sur toute la largeur du bâtiment, prend ses jours par ses deux extrémités sur la cour et sur le jardin. Elle a été construite sous l'empire en même temps que la salle de spectacle, sur laquelle elle a une porte ouvrant en face de la scène. Le plafond est décoré d'ornements en grisaille.

(Ici on devra revenir sur ses pas et rentrer dans les salles 29 et 28, antichambre et salon de la chapelle, pour visiter le salon de la Paix et les appartements à la suite.)

SALLE N° 14. — *Salle de la Paix.*

Ce salon a été élevé depuis 1830 sur l'emplacement de l'ancien escalier de Levau, détruit avec la salle ensuite qui, primitivement, était la salle des gardes, puis la chapelle, puis enfin, sous la Convention, le salon de la Liberté. Il a reçu son nom de la statue en argent représentant la Paix, placée à l'une de ses extrémités ; cet ouvrage du sculpteur Chaudet est un hommage que la ville de Paris avait offert à l'empereur Napoléon en 1807. A l'autre extrémité de cette salle, on voit les statues en marbre des chanceliers d'Aguesseau, par Berruer, et de Michel de l'Hôpital, par Gois le père.

SALLE N° 15. — *Salle des Maréchaux.*

Anciennement salle des Cent-Suisses sous Louis XIV, cette grande pièce, dans laquelle se donnaient les concerts spirituels de 1725 à 1784, devint sous le Directoire, le lieu des séances du Conseil des Anciens. Ce fut Napoléon, en 1804, qui fut le fondateur de sa nouvelle disposition. Des travaux d'embellissement y furent exécutés : un balcon fut pratiqué au pourtour à moitié environ de sa hauteur ; du côté du jardin, une tribune soutenue par des cariatides, au niveau de ce balcon, fut moulée sur celle de Jean Goujon qui est au Louvre ; on plaça enfin les portraits des maréchaux de l'empire et les bustes en marbre des généraux morts pendant les guerres de la République. Sous la Restauration, ce salon redevint Salle des Gardes, et les gardes du corps en prirent possession. Sous Louis Philippe, cette salle a été restaurée et repeinte à neuf. Les dates des actions mémorables dont la France s'honore furent inscrites dans une frise ornée de trophées et de victoires, et sur la galerie haute on plaça dans un ordre chronologique les bustes de plusieurs guerriers célèbres.

SALLE N° 16. — *Salon blanc.*

Autrefois salle des Gardes sous Louis XIV. Les peintures de cette pièce sont de Nicolas Loir. Les sujets de la décoration sont des trophées et des attributs militaires peints et rehaussés d'or. Le plafond représente un ciel ouvert d'où descendent les figures de la Renommée et de la Libéralité. Les voussures en grisaille du côté de la cour et du jardin sont remplies par deux bas-reliefs séparés chacun par un corps d'architecture sur les extrémités duquel sont deux figures assises rehaussées d'or représentant la **Force** et la **Vigilance.** Ces bas reliefs divisés en quatre parties ont pour sujets :

Coté du jardin :

Une bataille. — Une marche d'armée.

Coté de la cour :

Un sacrifice dans un camp. — Un triomphe.

Aux quatre angles, quatre camaïeux en bronze représentent, sous des figures de femmes, la **Force,** la **Fidélité,** la **Prudence** et la **Valeur.** En 1786, des concerts furent donnés par la société olympique dans cette salle, disposée à cet effet par autorisation

SALLE N° 17. — *Salon d'Apollon.*

La décoration de cette salle, qui était autrefois l'antichambre de Louis XIV, est également de Nicolas Loir.

Sous l'empire et la restauration, ce salon était dit *de la Paix,* du nom de la statue en argent placée aujourd'hui dans le salon qui précède la salle des maréchaux.

PLAFOND.

Apollon sur son char, précédé par les heures. Le temps lui indique la route qu'il doit suivre. Devant lui, un enfant présente le plan d'un édifice. A côté, une figure de femme tient un cercle formé par un serpent (emblême de Colbert), et dans lequel se trouve la date de 1668, époque de l'achèvement de ces peintures. Le printemps, sous la figure d'un jeune homme, montre les signes du Zodiaque. A la droite d'Apollon, la Renommée sonne de la trompette.

Les quatre angles de la bordure peints en camaïeu représentent les quatre Saisons sous des figures d'enfants et d'animaux.

VOUSSURE.

Les sujets peints sur des fonds d'or et séparés par des ornements de stuc, se rapportent aux quatre parties du jour.

Dù côté de la cour :

1º La statue de Memnon animée par les rayons du soleil et rendant des oracles :

2º L'Aurore sur son char; Cupidon la perce d'un trait qui la rend amoureuse de Céphale.

Du côté du jardin :

1º Le Soleil se reposant chez Thétis ;

2º Clytie changée en tournesol.

Dans les angles, quatre bas-reliefs ovales peints en camaïeu et que supportent des sphinx, ont également pour sujets les quatre parties du jour.

DESSUS DE PORTE.

La Peinture, la Symphonie, la Musique, les Mathématiques.

Les ornements des lambris sur fond d'or ont été peints par Charmeton.

Du côté du salon de réception on voit un tableau de Pierre Mignard représentant le Parnasse; c'est une répétition de celui placé dans la voute de la galerie d'Apollon au palais de Saint-Cloud.

SALLE Nº 18. — *Salle du Trône.*

Cette pièce était anciennement la grande chambre de Louis XIV. Le milieu du plafond, de forme octogone, peint par Bertholet Flemaël, représente la religion. Elle a sur la tête une couronne antique, et s'appuie sur une épée. Au-dessus sont plusieurs figures allégoriques qui tiennent les symboles de la France, tels que l'oriflamme, la sainte ampoule, l'épée, un casque, l'écusson, etc.

Les ornements de stuc de la corniche dorée ont été sculptés par Louis Lerambert. Les figures de renommées et d'enfants qui les accompagnent sont de François Girardon. Les ornements du plafond et des lambris ont été peints par les frères Lemoine.

Salle N° 19. — *Salon de Louis XIV.*

Autrefois grand cabinet de Louis XIV. C'est dans cette pièce que se tint le conseil de régence pendant la minorité de Louis XV, ainsi que le conseil des ministres sous Napoléon et pendant la restauration. Le plafond, sans peintures, mais richement sculpté et doré, a été orné par Girardon de figures de ronde-bosse en stuc. Les portes et leurs chambranles, surmontés de frontons coupés chargés de vases, sont aussi dorés et sculptés. Les lambris ont été peints par Nicolas Coypel. La cheminée en marbre blanc, ornée de bronze doré et surmontée d'un bas-relief également en marbre, a été construite sur les dessins de MM. Percier et Fontaine. On a placé dans ce salon trois grands tableaux, savoir :

1° Anne d'Autriche, reine régente de France, soutenant le sceptre de Louis XIV encore jeune, et donnant des instructions à son fils, peint par M. Paulin Guérin, d'après une composition de Pierre Mignard ;

2° Philippe de France, duc d'Anjou, déclaré roi d'Espagne, copie de M. Marigny d'après le tableau de Gérard, au Musée de Versailles ;

3° Le portrait en pied de Louis XIV, par H. Rigaud.

Salle N° 20. — *Galerie de Diane.*

Cette grande salle portait autrefois le nom de galerie des Ambassadeurs, parce que Louis XIV y donnait ses audiences publiques aux ministres étrangers : le trône était placé dans le fond et élevé sur six degrés. Ce fut Colbert qui la fit décorer avec des copies commandées aux élèves de l'Académie de Rome, d'après les tableaux de la galerie du Palais Farnèse peints par Annibal Carrache; Hippolyte Rigaud fut un des élèves chargés de ce travail. La galerie de Diane se trouvant plus grande que celle de la Farnesine, d'autres sujets furent ajoutés pour compléter sa décoration. Sous la minorité de Louis XV, malgré la richesse de sa peinture, elle fut coupée dans sa longueur et dans sa hauteur par des cloisons et des planchers pour y pratiquer des logements. En 1755, après la destruction de ces logements, la galerie devint un atelier où Servandoni peignait les décors de la salle des Machines. En 1793, ces divisions y furent en partie rétablies pour y recevoir différents bureaux ; enfin, en 1806, MM. Percier et Fontaine la réparèrent et la mirent dans l'état où elle est aujourd'hui. MM. Hersent, Blondel, Abel de Pujol, etc., furent chargés de la restauration des peintures.

DESCRIPTION DES PEINTURES.

PLAFOND.

Tous les sujets qui décorent le plafond appartiennent à la galerie Farnèse. Ce sont, en commençant par le côté du salon :

Le triomphe de Galatée.

Polyphème jouant de la flûte.

Persée délivrant Andromède.

Pan offrant une toison à Diane.

Le triomphe de Bacchus et d'Ariane.

Mercure donnant à Pâris la pomme de discorde.

Persée, montrant la tête de Méduse à Phinée et à ses compagnons, les métamorphose en pierre.

Polyphème lançant un rocher contre Acis et Galathée.

L'Aurore et Céphale.

VOUSSURES.

Les sujets des voussures sont aussi empruntés en grande partie à la galerie Farnèse, ainsi que les figures qui les supportent et les médaillons en grisaille.

Côté de la cour :

Mars et Vénus ; école française.

Salmacis et Hermaphrodite ; médaillon en grisaille, d'après Annibal Carrache.

Ceyx et Alcione ; école française.

Pan et Syrinx ; médaillon en grisaille, d'après Annibal Carrache.

Vénus et Anchise ; d'après Annibal Carrache.

Orphée et Eurydice ; médaillon en grisaille, idem.

Philémon et Baucis ; école française.

Héro et Léandre ; médaillon en grisaille, d'après Annibal Carrache.

Deux femmes et des amours ; école française.

Côté de la rivière :

Hercule et Omphale ; d'après Annibal Carrache.

Côté du Jardin :

L'Amour et Psyché ; école française.

Pan et l'Amour ; médaillon en grisaille, d'après Annibal Carrache.

Léda ; école française.

L'enlèvement d'Europe ; médaillon en grisaille, d'après Annibal Carrache.

Jupiter et Junon ; d'après Annibal Carrache.

Orythie enlevée par Borée ; médaillon en grisaille, d'après Annibal Carrache.

Vénus portée sur les eaux ; école française.

Apollon écorche Marsyas ; médaillon en grisaille ; d'après Annibal Carrache.

Diane et Calisto ; école française.

Côté du salon :

Diane et Endymion ; d'après Annibal Carrache.

DESSUS DE PORTE.

Côté du salon :

La Musique : par Nicolas Loir.

La Sculpture ;   idem.

Côté de la rivière :

L'Automne ;   idem.

L'Été ;   idem.

TABLEAUX.

Côté de la cour :

Fête au dieu Pan ; les fleurs sont de **J.-B. Monnoyer**.

L'Hiver. — Cybèle, déesse de la terre, implore le retour du soleil.

Naissance d'Apollon et de Diane. — Latone implore Jupiter, qui change en grenouilles les paysans de Lycie.

Fête de Flore ; les fleurs sont de **J.-B. Monnoyer**.

Côté du jardin :

La danse de Psyché.

Le bain de Psyché.

La toilette de Psyché.

Danse de Bergers.

Ces huit tableaux sont de Pierre Mignard.

APPARTEMENTS SUR LE JARDIN.

Par l'extrémité de la galerie de Diane, on entre dans une suite de pièces formant enfilade dont la vue donne sur les jardins. Cet appartement était autrefois celui de Marie-Thérèse d'Autriche, femme de Louis XIV. Son ancienne décoration, par Jean Nocret, a été en partie conservée. Ce peintre y a souvent représenté la reine sous la figure de Minerve, emblème qu'elle paraît avoir affectionné.

SALLE N° 21. — *Antichambre.*

Cette pièce était autrefois la salle des gardes de Marie-Thérèse. Sa décoration en grisaille est de l'empire, elle est ornée de trophées rehaussés d'or et de figures allégoriques; le plafond représente Mars sur son char.

SALLE N° 22. — *Salle du Conseil des Ministres.*

C'était du temps de Louis XIV l'antichambre de la reine. Le plafond, peint par Jean Nocret, représente la Sagesse; quatre paysages, par Jacques Fouquières, ornent la voussure. Sur les deux dessus de porte on voit, du même artiste, l'Architecture et la Paix. Sous l'empire, cette salle était le salon des aides-de-camp, ensuite elle servit de salle à manger à la duchesse d'Angoulême.

SALLE N° 23. — *Salon.*

Les peintures de cette salle, autrefois la grande chambre de Marie-Thérèse, sont aussi de Jean Nocret. Le triomphe de Minerve, portée par ses prêtresses, est peint dans le plafond. Les deux dessus de porte représentent la Gloire et la Renommée. Cette pièce était, sous l'empire, le salon de Napoléon.

SALLE N° 24. — *Bibliothèque.*

Cette pièce, dont les peintures sont de Jean Nocret, était autrefois la chambre à coucher de Marie-Thérèse. Napoléon en fit

son cabinet de travail ainsi que Louis XVIII, et sous Louis-
Philippe elle devint une bibliothèque.

Le plafond représente les Arts dirigés par la Sagesse. Dans un
des caissons, on reconnaît, au soleil qui domine le dessus du ber-
ceau, Louis XIV dans son enfance. Les quatre dessus de porte
représentent l'Innocence, la Fidélité, la Vigilance et la Foi. Sur
les panneaux de la boiserie, on voit, au-dessus de la cheminée :
Mercure présentant à Minerve des femmes qui lui font hommage de leurs travaux ; à côté de la cheminée, la Musique ; en
face de la fenêtre, la Peinture et la Musique ; en face de la cheminée, l'Astronomie et la Sculpture ; du côté de la fenêtre,
l'Architecture. Les sept paysages qui remplissent autant de
panneaux, sont de Jacques Fouquières.

Salle N° 25. — *Salon des Dames.*

Autrefois cabinet de toilette de la reine Marie-Thérèse, cette
pièce devint sous Louis XVI la chambre à coucher du dauphin,
son fils. Sous l'empire elle était le cabinet du secrétaire de Napoléon. Les sujets sont peints par Jean Nocret ; trois panneaux
de paysages sont de Jacques Fouquières. Le plafond représente
Minerve ; les quatre dessus de portes, des femmes occupées aux
divers travaux de leur sexe : le dévidoir, la broderie, la couture
et la tapisserie. On voit sur des lambris, au-dessus de la cheminée Minerve et Neptune ; à côté de la cheminée, l'Immortalité ;
sur celui en face de la cheminée, la Vigilance et la toilette de
Minerve ; du côté de la fenêtre, l'Histoire.

C'est dans le petit passage qui sépare cette pièce de la suivante,
qu'était la cachette que Louis XVI avait fait faire en 1792 dans
l'épaisseur de la muraille, et que l'on a nommée depuis *l'armoire
de fer*. Elle était derrière le panneau de la boiserie à gauche
près de la fenêtre, du côté du jardin.

Salle N° 26. — *Salon de Famille.*

Cette pièce était autrefois la chambre à coucher qu'occupait
Louis XIV en hiver ; elle avait été richement décorée par Noël

Coypel et Francisque Millet. Louis XVI l'habita pendant son séjour à Paris, de 1789 à 1792. Quand Napoléon vint en prendre possession, ces peintures étaient en très mauvais état, et ne purent être conservées. Une nouvelle décoration en grisaille fut alors exécutée par MM. Hersent et Moench dans les voussures et le plafond ; on y voit : Jupiter, Apollon, Mars et Minerve.

C'est dans cette pièce que mourut Louis XVIII en 1824, Charles X en fit également sa chambre à coucher.

SALLE N° 27. — *Salle de Billard.*

Cette pièce, qui était autrefois l'antichambre de Louis XIV, était décorée d'un plafond par Noël Coypel. Elle fut destinée, sous l'empire, à recevoir un valet-de-chambre de veille près de Napoléon. Elle communiquait à un ancien escalier de bois sombre et inutile au service du Palais ; la cage de cet escalier et le petit cabinet y attenant ont été convertis en un salon de billard qui ouvre par deux doubles portes sur le salon de famille. Cette salle est aujourd'hui ornée d'un plafond avec voussures et caissons renfermant des sujets de chasse et de danse, peints en grisaille, par MM. Vauchelet et Moench.

FIN.

TABLE [1]

[1] Les numéros des salles ayant été placés avant la fixation de l'itinéraire, leur ordre se trouve interverti dans quelques parties. Les nos 28, 29 et 30 sont placés après le n° 15.

9 782014 466928